맛있는 요리의 지름길,
치트키가 있다면 바로 **자취요리신**

이거 정말 맛있습니다

목차
(Contents)

1장   초간단 레시피

- 간장 달걀밥   10
- 군만두   12
- 비빔 군만두   14
- 찐만두   16
- 땅콩버터 탄탄면   18
- 해물 없는 해물라면   20
- 마요게티   22
- 케첩라면   23
- 사리곰탕 파스타   24
- 물비빔면   26
- 케첩카레   28
- 갈릭게티   29

2장   라면을 더 맛있게

- 유산슬 라면   32
- 불향 나는 짜장라면   34
- 2배 더 맛있는 비빔라면   36
- 곰탕라면을 활용한 미소라멘   38
- 고추 마요 라면   40
- 달걀 마요 불닭볶음면   42
- 매운탕 라면   44
- 순두부 라면   46
- 까르보나라 라면   48
- 라면죽   50
- 어묵 라볶이면   52
- 대파 라면   54
- 달걀 듬뿍 참깨라면   56
- 토마토 달걀 라면   58
- 더 진한 크림진짬뽕   60
- 살얼음 비빔면   62
- 투움바 라면   64
- 짜장라면 볶음밥   66
- 라면 치즈전   68
- 중국집 짬뽕라면   70
- 중국집 짜장라면   72
- 닭볶음탕 라면   74
- 마라 비빔면   76

3장 햄을 더 맛있게

- 달걀 스팸 볶음밥 … 80
- 간장 스팸 덮밥 … 82
- 스팸가스 … 84
- 된장 스팸 덮밥 … 86
- 고추장 스팸찌개 … 88
- 스팸 숙주 볶음 … 90
- 고추장 햄 볶음밥 … 92
- 햄 감자채 볶음 … 94
- 햄 감자 샐러드 … 96
- 햄 김치찌개 … 98

4장 달걀을 더 맛있게

- 새우 달걀 볶음밥 … 102
- 달걀 치즈 리조또 … 104
- 연두부 달걀밥 … 106
- 우유카레 달걀밥 … 108
- 김치 달걀 덮밥 … 110
- 달걀 간장조림 … 112
- 달걀 고추장조림 … 114
- 간편 달걀찜 … 116
- 벽돌 달걀말이 … 118
- 클라우드 에그 … 120

5장 두부를 더 맛있게

- 마파두부 … 124
- 베이컨 두부 토스트 … 126
- 두부 강정 덮밥 … 128
- 삼겹 두부조림 … 130
- 두부 콩국수 … 132
- 삼겹살 두부김치 … 134
- 삽겹 순두부 짜글이 … 136
- 참치 순두부찌개 … 138
- 새우 순두부 달걀탕 … 140
- 삼겹 순두부 카레 … 142
- 초당 순두부 … 144

6장 | 참치를 더 맛있게

- 참치 달걀 볶음밥　　　　148
- 케첩 참치 볶음밥　　　　150
- 알리오올리오 참치 볶음밥　152
- 참치마요 비빔밥　　　　154
- 촉촉한 김치 참치 볶음　　156
- 참치 채소 비빔밥　　　　158
- 참치 쌈장　　　　　　　160

7장 | 냉동 만두를 더 맛있게

- 떡만둣국　　　　　　　164
- 치즈 만두밥　　　　　　166
- 달걀 만두 볶음밥　　　　168
- 만두 덮밥　　　　　　　170
- 만두전　　　　　　　　172
- 크림만두　　　　　　　174

8장 | 닭고기를 더 맛있게

- 삼계탕　　　　　　　　178
- 닭죽　　　　　　　　　180
- 닭볶음탕　　　　　　　182
- 마라 찜닭　　　　　　　184
- 닭가슴살 두부 유부초밥　186
- 닭가슴살 미역국　　　　188
- 닭가슴살 겨자 냉채　　　190
- 갈비양념 닭가슴살 구이　192
- 닭가슴살 토마토 스튜　　194
- 치킨카레　　　　　　　196

9장 돼지고기를 더 맛있게

- 삼겹살 스테이크 200
- 돼지고기 덮밥 202
- 김치 제육볶음 204
- 간짜장 덮밥 206
- 돼지고기 묵은지찜 208
- 돼지고기 육개장 210
- 돼지고기찜(미니족발찜) 212
- 묵은지 등갈비찜 214
- 간장 양념 등갈비 216
- 고추장 등갈비찜 218
- 등갈비탕 220
- 전자레인지 수육 222
- 콜라 수육 224
- 콩나물 삼겹살 226
- 된장 삼겹살구이 228
- 돼지고기 강정 230
- 간장 양념 삼겹살구이 232

10장 여러 가지 간식

- 파베 초콜릿 236
- 허니버터 군고구마 238
- 고구마 식빵피자 240
- 고구마 버터구이 242
- 고구마 스프 244
- 고구마 달걀 샌드위치 246
- 원 팬 토스트 248
- 두 겹 프렌치토스트 250
- 몬테크리스토 252
- 마늘 토스트 254
- 모차렐라 토스트 256
- 치즈 감자 튀김 258
- 찹쌀 핫도그 260
- 빨간 어묵 262
- 떡꼬치 264

배고파서 뭔가를 해먹고는
싶은데 만사 귀찮은
우리 자취생들을 위한 초초간단
레시피.
대부분 5분 이내로 해 먹을 수
있는 간단한 요리로 바쁘다
바빠 현대사회 자취생들에게
추천한다.

1장
초간단 레시피

1장 | 초간단 레시피

간장 달걀밥

간장과 달걀만 있다면 오늘은 내가 요리사

재료 준비

      밥      

달걀   진간장   밥   설탕   깨

간장 달걀밥

레시피

---

1 팬에 식용유를 한두 스푼 두르고 달걀 2개를 올려 저어주다가 진간장 2밥숟가락, 설탕 ½밥숟가락을 둘러 넣고 마저 익혀줍니다.

2 그릇에 밥을 떠서 그 위로 1을 올리고 깨를 뿌려 마무리합니다.

1장 | 초간단 레시피

군만두
중국집 스타일의 군만두를 만들어 보자

재료 준비

냉동 만두

군만두

레시피

1 달군 팬에 식용유를 둘러줍니다.
2 냉동 만두를 넣고 기름이 끓으면서 파파팍하고 만두 겉면이 튀겨지는 소리가 나면 물을 조금만 부어줍니다.
3 뚜껑을 덮고 3분간 찝니다.
4 3분 뒤 뚜껑을 열고 가열하면서 남은 물기를 다 날려보냅니다.
5 만두를 뒤집어주고 반대쪽 면도 노릇하게 구워줍니다.

1장 | 초간단 레시피

비빔 군만두

군만두만 먹기 아쉬운 분들을 위한 레시피

재료 준비

냉동 만두   [소스]고추장, 설탕, 식초   각종 채소

비빔 군만두

레시피

1 고추장 1밥숟가락, 설탕 1밥숟가락, 식초 1밥숟가락을 넣고 소스를 만들어 둡니다.
2 달군 팬에 기름을 둘러 만두를 노릇하게 굽습니다.(뚜껑을 덮으면 속까지 빠르게 익힐 수 있습니다.)
3 집에 있는 채소를 먹기 좋게 손질하여 접시에 담고 1의 양념장을 부어 잘 비벼둡니다.
4 3에 2의 군만두를 올려 마무리합니다.

1장 | 초간단 레시피

찐만두

겉부터 속까지 촉촉한 만두를 원하시는 분들을 위한 레시피

재료 준비

냉동 만두

찐만두

레시피

1 전자레인지 사용 가능한 용기에 냉동 만두를 넣고 겉면만 살짝 적셔질 정도로 물을 약간 뿌려줍니다.
2 랩을 씌우고 구멍을 뚫어줍니다.
3 전자레인지에 3~4분 돌려줍니다.(700w 기준)

1장 | 초간단 레시피

땅콩버터 탄탄면

그냥 라면만 먹기엔 지겹고 이국적인 맛을 느끼고 싶으신 분들을 위한 레시피

재료 준비

매운 라면   땅콩버터   식초(선택)

땅콩버터 탄탄면

레시피

---

1 매운 라면을 라면 봉지 뒷면에 적힌 방법 그대로 끓여줍니다.

2 1에 땅콩버터 1밥숟가락만 넣어주면 탄탄면 느낌의 라면이 완성됩니다.

> ✓tip 추가로 식초를 살짝 넣어주면 더욱 이국적인 맛을 즐길 수 있습니다.

1장 | 초간단 레시피

해물 없는 해물라면

한 스푼만 추가해도 깊은 해물 맛을 느낄 수 있는 라면

재료 준비

매운 라면   액젓   김(선택)

레시피

1 라면 봉지 뒷면에 적힌 물의 양보다 물을 반 컵 더 넣어줍니다.

2 액젓 ½밥숟가락을 넣고 매운 라면을 끓여줍니다.

3 기호에 따라 김을 추가하여 마무리합니다.

> ✓tip 잘 끓인 라면 위에 돌김 혹은 김밥김을 올려준 뒤 김을 잘 풀어주면 색다른 맛을 즐길 수 있습니다.

1장 | 초간단 레시피

마요게티

마요네즈를 좋아하는 사람이라면 기절할 맛! 짜파게티를 더 촉촉하게 먹어보자!

재료 준비

짜파게티　　　마요네즈　　　양파(선택)

레시피

잘 끓인 짜파게티 위에 마요네즈를 듬뿍 얹어줍니다.

✓tip 추가로 다진 양파를 넣어주면 느끼한 맛을 잡아주어 더 맛있습니다.

케첩라면

라면에 케첩만 넣어도 맛있어진다는 사실 알고 계신가요?

재료 준비

매운 라면   케첩

레시피

잘 끓인 매운 라면에 케첩 1밥숟가락을 뿌리고 한소끔 더 끓여줍니다.

1장 | 초간단 레시피

사리곰탕 파스타

크리미하면서도 짭짤한 크림파스타를 라면으로 만들어 보자

재료 준비

사리곰탕면　　냉동 새우　　우유　　청양고추　　후추

사리곰탕 파스타

레시피

1 팬에 우유 2컵(약200ml)을 부어줍니다.

2 우유가 끓으면 면, 분말 스프 ½봉지, 냉동 새우를 넣고 3분 30초간 끓여줍니다.

3 라면 위로 건더기 스프, 후추, 청양고추를 올려서 마무리합니다.

1장 | 초간단 레시피

물비빔면

비빔면을 시원한 국물과 함께 드시고 싶으신 분들을 위한 레시피

재료 준비

냉면 육수　　비빔면　　오이(선택)

물비빔면

레시피

1 살짝 얼린 살얼음 냉면 육수를 붓고 비빔면에 들어있는 스프를 넣어 잘 섞어둡니다.

2 면을 삶아 찬물에 헹군 뒤 물기를 빼주고 1에 담아 마무리합니다.

✓tip 오이를 곁들이면 훨씬 맛있습니다.

1장 | 초간단 레시피

케첩카레

빠르고 간편한 3분 카레를 좀 더 맛있게 즐길 수 있는 레시피

재료 준비

3분 카레　　　케첩

레시피

따뜻하게 잘 데워진 3분 카레 위로 케첩 한 스푼을 뿌려줍니다.

갈릭게티

갈릭게티

짜파게티에 한국인이 좋아하는 마늘의 풍미를 더한 새로운 맛

재료 준비

짜파게티   다진 마늘

레시피

짜파게티에 다진 마늘 1밥숟가락을 추가해줍니다.

그냥 라면만 먹기 지겨우신
분들을 위한 레시피.
평범한 라면에 다른 재료를
추가하여 하나의 요리로
만들어 보자.

2장
라면을 더 맛있게

유산슬 라면

텔레비전에 나온 유산슬 라면을 간단하게 만들어 보자

재료 준비

사리곰탕면

돼지고기, 새우

대파, 마늘

버섯, 각종 채소 부추(선택)

참기름, 굴소스, 간장, 설탕

유산슬 라면

레시피

1 팬에 식용유를 1밥숟가락 두르고 마늘, 파를 볶아줍니다.

2 1에 길쭉하게 썬 돼지고기, 간장 1밥숟가락을 넣고 볶아줍니다.

3 2에 물 2컵을 붓고 새우, 버섯, 채소, 라면 건더기 스프, 분말 스프, 굴소스 1밥숟가락, 설탕 1밥숟가락을 넣고 끓여줍니다.

4 3이 끓으면 면을 넣고 2분 더 끓여줍니다.

5 다 익은 면 위로 참기름 살짝 추가해서 마무리해줍니다.

✓tip 부추를 넣으면 더욱 깊은 풍미를 느낄 수 있습니다.

2장 | 라면을 더 맛있게

불향 나는 짜장라면

극강의 감칠맛과 불향을 느낄 수 있는 짜장라면

재료 준비

짜장라면   양파   고추장

레시피

---

1 면을 2분간 삶은 뒤 미리 빼둡니다.
2 팬에 식용유를 2밥숟가락 넉넉히 둘러주고, 채 썬 양파 반 개를 넣고 태운다 생각하고 볶아줍니다.
3 고추장 ⅓밥숟가락, 미리 삶아둔 면, 분말 스프를 넣고 비벼줍니다.
4 조미유도 뿌려 마무리합니다.

2장 | 라면을 더 맛있게

2배 더 맛있는 비빔 라면

비빔 라면을 더 맛있게 먹는 심플한 방법!

재료 준비

비빔라면	식초	다진 마늘	깻잎(선택)

레시피

1 비빔 스프 두 개 기준 다진 마늘 1밥숟가락, 식초 1밥숟가락 넣고 비빔 스프와 잘 섞어 소스를 만들어 둡니다.

2 잘 끓인 면을 접시에 덜고 그 위에 양념을 뿌려 젓가락으로 잘 비벼서 마무리합니다.

> tip 추가로 깻잎을 넣으면 훨씬 더 맛있는 비빔면을 즐길 수 있습니다.

2장 | 라면을 더 맛있게

곰탕라면을 활용한 미소라멘

시판 라면으로 미소라멘을 쉽게 만들어 보자

재료 준비

사리곰탕면	숙주	반숙란	된장	삼겹살(선택)

레시피

1	1	2
3	4	4

---

1 물 3컵(약 600ml)에 분말 스프 ⅔밥숟가락, 된장 ⅓밥숟가락 넣어줍니다.

2 물이 끓으면 면을 넣습니다.

3 2가 끓어오르면 숙주 한 줌을 넣고 한소끔 더 끓여줍니다.

4 다 끓여진 라면 위로 플레이크와 반숙란을 올려 마무리합니다.

✓tip 추가로 삼겹살을 올려주면 더욱 완성도 높은 미소라멘을 즐길 수 있습니다.

2장 | 라면을 더 맛있게

고추 마요 라면

마요네즈와 청양고추로 매콤하고 꾸덕한 라면을 만들어 보자

재료 준비

매운 라면   굴소스   마요네즈   청양고추

고추 마요 라면

레시피

| 1 | 2 | 3 |
| 3 | 4 | 4 |

---

1 면이 잠길 정도의 물에 면, 건더기 스프를 넣고 3분간 끓여줍니다.
2 물을 3~4밥숟가락 정도만 남기고 버려줍니다.
3 분말 스프 ½봉, 굴소스 1밥숟가락 넣고 잘 섞어줍니다.
4 3을 접시에 올리고 마요네즈와 청양고추를 듬뿍 올려 마무리합니다.

2장 | 라면을 더 맛있게

달걀 마요 불닭볶음면

불닭볶음면이 매워서 못드시는 분들을 위한 레시피

재료 준비

불닭볶음면   달걀   마요네즈   김가루(선택)

레시피

1 잘 끓인 불닭볶음면을 접시에 담아 준비해 둡니다.

2 1 위에 촉촉하게 익은 스크램블을 올려주고, 마요네즈, 건더기 스프를 올려 마무리합니다.

> ✓tip 김가루를 추가하면 더욱 깊은 풍미를 즐길 수 있습니다.
> 기호에 따라 번데기나 골뱅이를 추가하면 술안주로도 좋습니다.

매운탕 라면

낚시터에서 갓 잡아올린 물고기로 끓인 듯한 라면

재료 준비

라면　　참치캔　　청양고추　　대파　　후추(선택)

매운탕 라면

레시피

1	2	2
3	3	3

1 참치캔에 들어있는 기름과 참치(110g)를 같이 볶아줍니다.
2 라면 스프를 넣고 10초간 볶아줍니다.
3 물 3컵과 청양고추, 면을 넣고 끓이다가 파를 넣어 마무리합니다.

✓tip 후추를 뿌려서 드시면 더 맛있습니다.

2장 | 라면을 더 맛있게

순두부 라면

라면 하나에 순두부를 넣어 더욱 푸짐하게 먹어보자

재료 준비

라면   순두부   후추   다진 마늘   고추기름

순두부 라면

레시피

1 냄비에 물 2컵, 순두부 1모, 라면 스프를 넣고 끓여줍니다.

2 면을 넣고 후추를 듬뿍 뿌려서 2분간 더 끓입니다.

3 다진 마늘 1밥숟가락, 고추기름 1밥숟가락 둘러 넣고 잘 저은 다음 마무리합니다.

2장 | 라면을 더 맛있게

까르보나라 라면

까르보나라처럼 꾸덕한 느낌의 라면을 만들어 보자

재료 준비

매운 라면　　슬라이스 치즈　　달걀

레시피

1 그릇에 분말 스프 ½봉, 슬라이스 치즈 1장, 달걀 노른자를 준비해줍니다.
2 냄비에 면 끓일 정도 물을 넣고 면을 익혀줍니다.
3 면이 풀렸으면 달걀 흰자를 넣어 마저 익혀줍니다.
4 물을 버리고 면을 1에 올려 잘 섞이도록 비벼줍니다.
5 가니쉬 느낌으로 건더기 스프와 남은 라면 부스러기를 4위에 뿌려 마무리합니다.

2장 | 라면을 더 맛있게

라면죽

샤브샤브 다 먹고 죽 끓여 먹는 걸 좋아하는 사람을 위한 라면죽

재료 준비

라면   밥   달걀   김가루, 참기름, 통깨(선택)

라면죽

레시피

1 라면을 다 부숴줍니다.

2 냄비에 물 2컵(약 400ml)을 넣고 물이 끓으면 면, 스프, 밥 한공기를 넣어줍니다.(입맛에 맞게 물을 추가해 주셔도 좋습니다.)

3 달걀, 김가루, 참기름, 통깨 등 선택 재료들을 넣고 국물이 졸아들 때까지 조금 더 끓여 마무리합니다.

2장 | 라면을 더 맛있게

어묵 라볶이면

어묵탕 베이스의 국물라볶이 느낌나는 시원한 라면

재료 준비

라면   시판 어묵   떡
                한그릇 제품

레시피

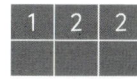

1 냄비에 어묵 한그릇 제품을 다 넣고, 물을 ½컵 추가해 끓여줍니다.

2 1이 끓으면 면, 분말 스프 ½봉, 떡을 넣고 떡이 익을 때까지 조금 더 끓여 마무리합니다.

대파 라면

진한 파 맛에 중독될 수도 있는 라면

재료 준비

라면   대파

레시피

1 대파 2대를 대충 썰어서 냄비에 기름을 두르고 볶아줍니다.

2 탔다고 생각될 때까지 볶다가 라면 스프를 넣고 한 번 더 볶아줍니다.

3 2에 물을 붓고 라면을 마저 끓여서 마무리합니다.

달걀 듬뿍 참깨라면

참깨라면 속 달걀을 더 푸짐하게 먹을 수 있는 라면

재료 준비

참깨라면   달걀

레시피

1	1	2
2		

---

1 팬에 기름을 두르고 달걀 2개로 스크램블을 내줍니다.

2 물을 넣고 참깨라면을 마저 끓여줍니다.

2장 | 라면을 더 맛있게

토마토 달걀 라면

중국의 시홍스차오지단 맛을 느낄 수 있는 라면

재료 준비

사리곰탕면

토마토

달걀

레시피

---

1 토마토는 꼭지를 따고 봉지에 넣어서 으깨어줍니다.(잘라서 넣어도 됩니다.)
2 팬에 기름을 두르고 토마토가 흐물흐물해질 때까지 볶아줍니다.
3 스프를 넣고 한 번 더 섞어줍니다.
4 달걀 3개를 풀어서 볶아줍니다.
5 사리곰탕면을 삶아 접시에 담고 면 위에 4를 올려 마무리합니다.

2장 | 라면을 더 맛있게

더 진한 크림진짬뽕

더욱 진한 크리미한 맛을 느낄 수 있는 라면

재료 준비

크림진짬뽕   우유

더 진한 크림진짬뽕

레시피

| 1 | 2 | 2 |

---

1 냄비에 물 대신 우유를 2컵 부어줍니다.

2 1이 끓어오르면 스프와 면을 넣고 끓여줍니다.

살얼음 비빔면

여름날 더 시원하게 비빔면을 먹어보자

재료 준비

비빔면　　　냉면 육수　　　각얼음

살얼음 비빔면

레시피

1 믹서에 얼린 냉면 육수와 각얼음, 액상 스프를 함께 넣고 갈아줍니다.
2 잘 끓인 면 위에 1을 부어 마무리합니다.

2장 | 라면을 더 맛있게

오늘의 심플 쿡

투움바 라면

유명 레스토랑의 투움바 파스타를 라면으로 만들어 보자

재료 준비

매운 라면   다진 마늘, 다진   새우   생크림, 우유
              양파, 양송이 버섯

레시피

---

1 면이 잠길 정도의 물을 끓여서 면을 1분간 삶아준 뒤 체에 밭쳐둡니다.

2 팬에 식용유 1밥숟가락 둘러주고, 다진 마늘 1밥숟가락, 다진 양파 1밥숟가락, 양송이 버섯, 새우를 넣고 볶아줍니다.

3 2에 생크림 1컵, 우유 1컵을 부어주고, 건더기 스프, 분말 스프를 모두 넣어줍니다.

4 3이 끓으면 1의 면을 넣고 졸여 마무리합니다.

2장 | 라면을 더 맛있게

짜장라면 볶음밥

컵라면 하나로는 양이 부족한 분들을 위한 라면 볶음밥

재료 준비

짜장 컵라면 / 양파 / 밥 / 진간장 (or 굴소스)(선택) / 달걀(선택)

짜장라면 볶음밥

레시피

1 면을 비닐 봉지에 넣고 부숴줍니다.
2 1을 다시 컵라면 용기에 넣고 면이 잠길 만큼 찬물을 부어 불려줍니다.
3 팬에 식용유 1밥숟가락을 두르고 양파를 볶아줍니다.
4 밥 ½공기와 2의 불린 면, 라면 스프를 넣고 볶아줍니다.
5 입맛에 따라 진간장 혹은 굴소스를 ½밥숟가락 추가해 잘 섞어 마무리합니다.

✓tip 달걀프라이까지 하나 올려주면 훌륭한 한끼 식사가 됩니다.

2장 | 라면을 더 맛있게

라면 치즈전
맥주 안주로도 좋은 전 느낌의 바삭한 라면

재료 준비

매운 라면 · 대파, 파슬리 · 마요네즈 · 달걀 · 각종 치즈

레시피

1 냄비에 물을 붓고 면과 플레이크를 삶아준 뒤 체에 받쳐 물을 빼줍니다.
2 면 위로 다진 대파 1줌, 라면 스프 1봉, 마요네즈 1밥숟가락, 달걀 1개를 넣어 잘 섞어줍니다.
3 팬에 식용유를 둘러주고 2를 다 넣은 뒤 도우처럼 평평하게 펴줍니다.
4 3 위에 모차렐라 치즈, 슬라이스 치즈를 올리고 파슬리를 뿌린 뒤 뚜껑을 덮고 약불에서 치즈를 녹여 마무리합니다.

중국집 짬뽕라면

중국집 스타일의 짬뽕을 라면으로 만들어 보자

재료 준비

매운 라면

대패삼겹살

파, 양파

고춧가루

멸치액젓

레시피

1 기름을 두른 팬에 파, 대패삼겹살(150g)을 넣고 파가 탔다 싶을 정도까지 볶아줍니다.
2 양파도 채 썰어서 1에 넣고 함께 노릇하게 볶아줍니다.
3 고춧가루 1밥숟가락을 넣고 비빈 다음 바로 물 3컵을 부어줍니다.
4 건더기 스프, 분말 스프, 멸치액젓 1밥숟가락을 넣어줍니다.
5 물이 끓으면 면을 넣고 꼬들면으로 끓여 마무리합니다.

2장 | 라면을 더 맛있게

중국집 짜장라면

중국집 스타일의 짜장면을 라면으로 만들어 보자

재료 준비

짜장라면

대패삼겹살

파, 양파

진간장, 굴소스

설탕

레시피

---

1 기름을 두른 팬에 파, 대패삼겹살을 넣고 파가 탔다 싶을 정도까지 볶아줍니다.
2 양파도 썰어서 넣고 노릇하게 볶아줍니다.
3 2에 진간장 1밥숟가락, 설탕 ½밥숟가락, 굴소스 ½밥숟가락을 넣고 볶아줍니다.
4 3에 물 2컵을 넣고 건더기 스프, 분말 스프, 조미유를 넣어줍니다.
5 물이 끓으면 면을 넣고 5분간 더 끓여줍니다.

2장 | 라면을 더 맛있게

오늘의 심플 쿡

닭볶음탕 라면

삼계탕 대신 먹기 좋고 술안주로도 최고인 닭고기를 이용한 라면

재료 준비

매운 라면

닭 정육

감자, 양파,
다진 마늘, 대파

진간장, 굴소스

설탕, 고춧가루

레시피

1 냄비에 물 4컵(약 800ml)을 붓고 닭 정육, 감자, 양파, 다진 마늘 1밥숟가락, 설탕 1밥숟가락을 넣고 끓여줍니다.

2 1의 닭이 푹 익었을 때 면을 넣고 진간장 1밥숟가락, 굴소스 1밥숟가락, 고춧가루 2밥숟가락, 건더기 스프 1봉, 분말 스프 ½봉, 대파를 썰어 넣고 끓여서 마무리합니다.

2장 | 라면을 더 맛있게

마라 비빔면

마라향이 가득한 비빔면을 만들어 보자

재료 준비

비빔면	다진 돼지고기	파, 양파	청경채, 숙주, 팽이버섯	마라탕 소스

레시피

---

1 다진 파 2줌, 다진 양파 2줌, 다진 돼지고기(100g)를 볶아줍니다.
2 시중에 파는 마라탕 소스를 준비해서 2밥숟가락 넣고 같이 볶아준 뒤(이때 불을 끈 상태에서 볶아줍니다.) 차갑게 식혀줍니다.
3 청경채, 숙주, 팽이버섯과 면을 넣고 함께 끓입니다.
4 3을 차가운 물에 헹구어 체에 밭쳐 물을 빼 둡니다.
5 비빔면 소스와 2의 양념장 1밥숟가락을 넣고 잘 섞어준 뒤 면 위에 뿌려 마무리합니다.

찬장에 있는 스팸으로
간단하지만 맛있는 요리를
만들어 보자.

3장

햄을 더 맛있게

| 3장 | 햄을 더 맛있게

달걀 스팸 볶음밥

간단하지만 든든하게 먹을 수 있는 볶음밥

재료 준비

스팸　　달걀　　밥　　굴소스　　대파

달걀 스팸 볶음밥

레시피

1 팬에 기름을 두르고 파, 스팸 반 개를 넣어줍니다.

2 1을 볶다가 팬의 한쪽으로 밀어두고 달걀 1개를 올려 익히면서 옆으로 밀어 놓은 파와 스팸을 합쳐 함께 조금 더 볶아줍니다.

3 2에 밥 1공기, 굴소스 1밥숟가락을 넣고 마저 볶아줍니다.

3장 | 햄을 더 맛있게

간장 스팸 덮밥

간장 소스를 곁들인 근사한 덮밥을 만들어 보자

재료 준비

스팸	달걀	밥	[양념장]진간장, 맛술, 올리고당

간장 스팸 덮밥

레시피

---

1. 물 3밥숟가락, 진간장 1밥숟가락, 맛술 1밥숟가락, 올리고당 1밥숟가락을 넣고 잘 섞어 양념장을 만들어 둡니다.
2. 스팸을 얇게 썰어 달군 팬에 구워줍니다.
3. 2에 1의 양념장을 붓고 졸여줍니다.
4. 예쁘게 담은 밥 위에 3의 햄을 올리고 그 위에 달걀 노른자를 토핑으로 올려 마무리합니다.

3장 | 햄을 더 맛있게

스팸가스

통조림 햄으로 돈가스 같은 바삭한 느낌을 원한다면 스팸가스

재료 준비

스팸　　　　달걀　　　　밀가루, 빵가루

스팸가스

레시피

1 3등분으로 두껍게 썰어둔 스팸에 밀가루-달걀-빵가루 순으로 튀김옷을 골고루 입혀 줍니다.
2 팬에 기름을 넉넉히 두르고 1을 노릇하게 튀겨줍니다.
3 입맛에 맞는 소스를 뿌려 마무리합니다.

3장 | 햄을 더 맛있게

된장 스팸 덮밥

짭짤한 된장 향을 곁들인 덮밥

재료 준비

스팸　　달걀　　밥　　미소된장　　맛술

된장 스팸 덮밥

레시피

1 스팸을 얇게 썰어 준비해 둡니다.

2 미소된장 1밥숟가락, 맛술 2밥숟가락을 넣고 양념장을 만들어 1의 스팸에 골고루 묻힌 뒤 냉장고에 재워둡니다.

3 2의 스팸을 팬에 구워 밥 위에 올리고 달걀 노른자를 토핑으로 올려 마무리합니다.

3장 | 햄을 더 맛있게

고추장 스팸찌개

스팸을 이용하여 뜨끈하고 매콤한 찌개를 만들어 보자

재료 준비

스팸　　　양파, 대파　　　두부　　　(양념)고추장, 국간장,
　　　　　　　　　　　　　　　　　　고춧가루, 다진 마늘, 후추

고추장 스팸찌개

레시피

---

1 냄비에 물 4컵, 스팸, 양파, 파, 두부를 두껍게 썰어 넣습니다.

2 1에 고추장 크게 1밥숟가락, 국간장 1밥숟가락, 고춧가루 1밥숟가락, 다진 마늘 1밥숟가락, 후추 조금 넣고 물이 ⅓정도 날아가게 졸여 마무리합니다.

3장 | 햄을 더 맛있게

스팸 숙주 볶음

아삭한 식감도 좋고 배도 부르게 먹을 수 있는 볶음요리

재료 준비

스팸   숙주, 양파   대파, 마늘   [양념장]진간장, 굴소스, 설탕, 맛술, 후추, 참기름

스팸 숙주 볶음

레시피

1 진간장 1밥숟가락, 굴소스 1밥숟가락, 설탕 ½밥숟가락, 맛술 1밥숟가락, 후추 조금, 참기름 조금을 넣고 양념장을 만들어 둡니다.
2 팬에 파, 마늘 기름을 내어 스팸 반 개를 넣고 볶아줍니다.
3 2에 숙주, 채 썬 양파를 넣고 1의 양념장을 넣어 숙주가 숨이 죽을 때까지 볶아줍니다.

3장 | 햄을 더 맛있게

고추장 햄 볶음밥

특별한 식재료가 없어도 구미 당기게 만드는 볶음밥

재료 준비

스팸, 달걀　　　밥　　　대파　　　[양념장] 고추장, 진간장, 설탕
　　　　　　　　　　　　　　　　　　고춧가루, 다진 마늘

고추장 햄 볶음밥

레시피

1 고추장 1밥숟가락, 진간장 1밥숟가락, 설탕 1밥숟가락, 고춧가루 ½밥숟가락, 다진 마늘 약간을 넣고 양념장을 만들어 둡니다.

2 팬에 기름을 두르고 다진 파, 햄을 한입 크기로 썰어 넣고 겉면이 노릇해질 때까지 볶아줍니다.

3 2에 밥 한공기와 1의 양념장을 넣고 약불에서 볶아줍니다.

4 3을 그릇에 담고 달걀프라이를 토핑으로 올려 마무리합니다.

3장 | 햄을 더 맛있게

햄 감자채 볶음

흔히 반찬으로 많이 먹지만 덮밥으로도 먹기 좋은 요리

재료 준비

스팸　　　감자　　　양파　　　소금, 후추

햄 감자채 볶음

레시피

1 감자와 햄, 양파를 비슷한 크기로 채 썰고, 채 썬 감자는 물에 데친 후 체에 받쳐 물기를 빼둡니다.

2 팬에 기름을 두르고 1의 감자와 햄, 양파를 넣은 뒤, 소금과 후추를 뿌려 겉면이 바삭하게 볶아줍니다.

3장 | 햄을 더 맛있게

오늘의 심플 쿡

햄 감자 샐러드

아침밥 대용으로도 좋고, 빵에 넣어 샌드위치로 만들어 먹어도 좋은 요리

재료 준비

스팸

달걀

감자, 양파

마요네즈, 머스터드, 설탕

햄 감자 샐러드

레시피

1	2	2
3	3	

1 먼저 감자, 달걀을 삶아줍니다.

2 볼에 삶은 감자, 삶은 달걀, 다진 양파, 햄을 넣고 설탕 1밥숟가락, 마요네즈 4밥숟가락, 머스터드 1밥숟가락을 넣어줍니다.

3 비닐장갑을 끼고 2의 재료들을 으깨면서 잘 섞어줍니다.

✓tip 빵에 넣기 좋은 크기로 뭉쳐 놓으면 편합니다.

이거 정말 맛있습니다

3장 | 햄을 더 맛있게

햄 김치찌개

한국인이라면 싫어할 수가 없는 김치찌개에 햄을 넣어보자

재료 준비

스팸   두부   김치   대파   (양념)설탕, 다진 마늘, 멸치액젓, 국간장, 고춧가루

레시피

| 1 | 1 | 1 |
| 2 | 2 | 3 |

---

1 냄비에 썬 햄, 김치 ¼포기, 설탕 1밥숟가락을 넣고 중불로 한 번 볶아줍니다.

2 물 4컵, 두부 한 모, 다진 마늘 1밥숟가락, 멸치액젓 1밥숟가락, 국간장 1밥숟가락, 고춧가루 1밥숟가락을 넣고 끓여줍니다.

3 어슷썬 파를 넣고 센 불로 5분간 끓여줍니다.

✓tip 싱거우면 멸치액젓이나 김치 국물을 추가해 주고, 짜면 물을 추가해줍니다.

그냥 먹어도 맛있는 달걀을
더 맛있게! 더 다양하게!
달걀 한 판을 뚝딱할
10개의 레시피!

4장
달걀을 더 맛있게

4장 | 달걀을 더 맛있게

새우 달걀 볶음밥

호불호 없는 초간단 고슬고슬한 새우 달걀 볶음밥 레시피!

재료 준비

냉동 새우, 달걀	굴소스	밥	양파, 파	3분 짜장

레시피

1 냉동 새우는 미리 데쳐서 찬물에 헹구어 준비합니다.
2 팬에 식용유 2밥숟가락을 두르고 달걀 3개를 깨서 스크램블을 합니다.
3 2에 밥과 1의 새우, 다진 양파와 파, 굴소스 1밥숟가락을 넣고 볶아줍니다.
4 3에 3분 짜장을 뿌리고 잘 섞어주면 중국집 스타일의 볶음밥이 완성됩니다.

4장 | 달걀을 더 맛있게

달걀 치즈 리조또

특별한 날 간편하게 대접할 수 있는 달걀 치즈 리조또

재료 준비

달걀, 스팸

모차렐라 치즈,
슬라이스 치즈

밥

맛소금, 후추,
진간장

달걀 치즈 리조또

레시피

---

1 그릇에 물 1컵, 달걀 2개, 맛소금 한 꼬집, 후추 조금, 진간장 1밥숟가락을 잘 풀어줍니다.

2 1에 잘게 자른 스팸과 밥을 넣고 잘 섞어준 뒤 랩을 씌워 전자레인지에 넣고 4분 정도 돌립니다.

3 2가 데워지면 숟가락을 이용해 잘 섞어줍니다.

4 3에 모차렐라 치즈, 슬라이스 치즈를 올려 전자레인지에 2분 더 돌려줍니다.

4장 | 달걀을 더 맛있게

오늘의 심플 쿡

연두부 달걀밥

야들야들한 식감이 당기는 날, 연두부 달걀밥 레시피를 참고하세요!

재료 준비

연두부   달걀   밥   맛소금

연두부 달걀밥

레시피

| 1 | 1 | 1 |
| 2 | 3 | 3 |

---

1 볼에 달걀 2개와 연두부 1모(250g)를 넣어 함께 풀어줍니다.
2 1에 맛소금을 넣어 간을 합니다.
3 기름 두른 팬에 2를 붓고 젓가락으로 섞어가며 잘 익혀준 뒤 밥 위에 올려줍니다.

4장 | 달걀을 더 맛있게

우유카레 달걀밥

칼칼한 카레도 좋지만 우유~한 카레는 어떠세요?

재료 준비

스팸, 달걀

우유

밥

양파

카레가루

우유카레 달걀밥

레시피

1 달군 팬에 기름을 살짝 두르고 스팸과 채 썬 양파 반 개를 올려 익혀줍니다.

2 1에 우유 1컵과 카레가루 3밥숟가락을 넣고 잘 저어줍니다.

3 2에 달걀 2개를 넣고 잘 저어 익혀준 뒤 밥 위에 올려줍니다.

4장 | 달걀을 더 맛있게

오늘의 심플 쿡

김치 달걀 덮밥

김치와 달걀이 만났다? 절대 실패 없는 조합 더 맛있게 먹어요!

재료 준비

달걀

밥

김치

[양념]진간장, 굴소스, 식초, 설탕, 전분

김치 달걀 덮밥

레시피

1 달군 팬에 기름을 두르고 잘게 다진 김치를 넣고 볶다가 설탕 ½밥숟가락을 넣고 잘 섞으며 마저 볶습니다.

2 1에 밥을 넣고 볶은 뒤 그릇에 덜어줍니다.

3 달걀 2개를 잘 풀어 기름 두른 팬에 붓고 80% 정도 익혀 2의 밥 위에 올려 덮어줍니다.

4 냄비에 물 1컵, 진간장 1밥숟가락, 굴소스 2밥숟가락, 설탕 1밥숟가락, 식초 1밥숟가락을 넣고 한소끔 끓이다가 전분물로 농도를 맞추어 소스를 만든 뒤 3 위에 뿌려 마무리합니다.

4장 | 달걀을 더 맛있게

달걀 간장조림

간장에 밥만 비벼 먹어도 밥도둑인 스테디 베스트 반찬, 달걀 간장조림 레시피!

재료 준비

달걀

(양념)진간장, 다진 마늘,
다진 양파, 다진 파, 설탕, 액젓

깨

달걀 간장조림

레시피

1 냄비에 물 1컵, 진간장 1컵, 설탕 반 컵, 액젓 2밥숟가락, 다진 마늘 1밥숟가락, 달걀 8알, 다진 양파 2주먹, 다진 파 2주먹을 넣고 센 불에서 5분간 끓입니다.

2 국물이 어느 정도 졸아들면 불을 끄고 식힌 다음 반찬통에 옮겨 담고 깨를 뿌려 냉장고에 보관합니다.

tip 멸치액젓과 까나리액젓 상관없이 있는 것 쓰시면 됩니다.

이거 정말 맛있습니다

4장 | 달걀을 더 맛있게

달걀 고추장조림

간장조림은 질렸어, 좀 더 화끈한 맛이 필요한 어른들을 위한 달걀 고추장조림 레시피!

재료 준비

달걀   [양념]진간장, 고추장, 액젓, 올리고당, 고춧가루   깨

달걀 고추장조림

레시피

1 냄비에 물 2컵, 고추장 크게 1밥숟가락, 진간장 2밥숟가락, 액젓 1밥숟가락, 올리고당 3밥숟가락, 고춧가루 3밥숟가락, 달걀 8알을 넣고 중불에서 15분 끓입니다.

2 국물이 어느 정도 졸아들면 불을 끄고 식힌 다음 반찬통에 옮겨 담고 깨를 뿌려 냉장고에 보관합니다.

✓tip 멸치액젓과 까나리액젓 상관없이 있는 것 쓰시면 됩니다.

간편 달걀찜

편하지만 2% 색다른 달걀찜 레시피!

재료 준비

달걀

소금, 맛술

다진 당근,
다진 파

레시피

1 볼에 달걀 6알을 깨 넣고 소금 ⅓밥숟가락, 맛술 2밥숟가락을 첨가하여 잘 섞이도록 저으며 달걀을 풀어줍니다.

2 유리그릇에 기름칠을 하여 코팅을 해줍니다.

3 2의 그릇에 대고 1의 달걀물을 체에 한 번 걸러주고 다진 당근 2밥숟가락, 다진 파 2밥숟가락을 넣고 잘 섞어줍니다.

4 3에 랩을 씌운 후 구멍을 뚫고 전자레인지에 5분간 돌려 익혀줍니다.

4장 | 달걀을 더 맛있게

벽돌 달걀말이

그냥 달걀말이가 재미없다면 벽돌 달걀말이를 만들어 보아요! 신기한 비주얼! 깔끔한 맛!

재료 준비

달걀   소금

레시피

---

1 흰자와 노른자를 분리하여 그릇에 따로 담고 노른자는 풀어줍니다.(여기에 적당히 소금 간을 해주시면 좋습니다.)

2 팬에 기름을 둘러 키친타월로 살짝 닦아냅니다.

3 2의 달군 팬에 흰자를 붓고 달걀말이 형태로 말아가면서 익힌 뒤, 노른자를 부어 흰자를 감싸는 형태로 말아줍니다.

4 네모 반듯하게 썰어주면 2가지 식감을 느낄 수 있는 재밌는 달걀말이가 됩니다.

4장 | 달걀을 더 맛있게

클라우드 에그

1000번 저어 만드는, 구름을 닮은 달걀 요리 클라우드 에그 레시피

재료 준비

달걀

설탕

소금

후추

식빵(or 밥)

레시피

1 달걀 2개를 준비하여 흰자와 노른자를 분리해줍니다.
2 분리된 흰자에 설탕을 조금 넣고 1000번을 저어줍니다.
3 충분히 부풀어 오른 흰자에 소금과 후추를 넣고 섞습니다.
4 기름을 두른 팬에 3의 반죽을 올리고, 중앙에 1의 노른자를 올려준 뒤 물을 약간 넣고 뚜껑을 덮어 중불에 익혀줍니다.
5 입맛에 맞게 식빵 또는 밥 위에 올려서 마무리합니다.

고단백 다이어트 재료 두부!
맛있게 먹으면서 다이어트해
볼까요?
맛있는 다이어트 레시피!

5장

두부를 더 맛있게

5장 | 두부를 더 맛있게

마파두부

시켜 먹는 마파두부가 조금 지겨울 때쯤 직접 해먹어 보는 마파두부!

재료 준비

다진 돼지고기

두부

전분, 파

[양념]고추장, 된장, 맛술, 다진 마늘, 굴소스, 고춧가루, 올리고당

마파두부

레시피

1 팬에 파기름을 내주고 다진 돼지고기(150g)를 넣어 볶아줍니다.
2 1에 양념장(고추장 1밥숟가락, 된장 1밥숟가락, 맛술 1밥숟가락, 다진 마늘 1밥숟가락, 굴소스 1밥숟가락, 고춧가루 1밥숟가락, 올리고당 1밥숟가락)을 넣고 볶아줍니다.
3 2에 물 1컵을 넣고 끓이다가 전분물을 넣으면서 농도를 맞춰줍니다.
4 먹기 좋게 썰어 놓은 두부를 넣고 살짝 조려 마무리합니다.

5장 | 두부를 더 맛있게

베이컨 두부 토스트

아침부터 고단백으로 열량 충전이 필요하다면? 베이컨 두부 토스트!

재료 준비

식빵	베이컨, 두부	파	후추, 소금	슬라이스 치즈, 케첩

베이컨 두부 토스트

레시피

1 달군 팬에 식빵 2장을 구워서 준비해둡니다.
2 팬에 파와 베이컨으로 기름을 내준 후 으깬 두부를 넣고 후추, 소금을 조금 넣어 볶아 줍니다.
3 구운 식빵 위에 슬라이스 치즈와 2의 재료를 올린 후 케첩을 뿌려 마무리합니다.

5장 | 두부를 더 맛있게

두부 강정 덮밥

식물성 단백질로 꽉꽉 채우는 두부 강정 덮밥!

재료 준비

| 두부, 견과류 | 밥 | 튀김가루 | (양념)케첩, 고추장, 진간장, 올리고당, 다진 마늘 |

레시피

1 케첩 3밥숟가락, 고추장 1밥숟가락, 진간장 1밥숟가락, 올리고당 2밥숟가락, 다진 마늘 1밥숟가락을 넣고 양념장을 만들어 둡니다.
2 깍두기 모양으로 썬 두부를 봉지 안에 넣고 튀김가루를 부어 흔들어줍니다.
3 팬에 기름을 넉넉히 두르고 2의 두부를 튀겨줍니다.
4 1의 양념장을 붓고 살짝 볶은 뒤 견과류를 뿌려 한 번 골고루 섞고 마무리합니다.
5 완성된 두부 강정을 밥과 함께 내어줍니다.

5장 | 두부를 더 맛있게

삼겹 두부조림

뻔한 두부조림도 맛있지만 더 맛있는 삼겹 두부조림

재료 준비

삼겹살, 두부

청양고추, 대파

[양념]새우젓,
다진 마늘, 고춧가루

삼겹 두부조림

레시피

1 삼겹살 두 줄을 구워서 크게 잘라줍니다.

2 1에 삼겹살 크기와 비슷하게 자른 두부를 넣고 물 1컵을 부어줍니다.

3 2에 다진 청양고추 1밥숟가락, 대파 1컵, 새우젓 1밥숟가락, 고춧가루 1밥숟가락, 다진 마늘 1밥숟가락을 넣고 물이 자박해질 때까지 졸여줍니다.

두부 콩국수

시장에서만 먹던 콩국수를 간단하고 쉽게 우리집에서 만들어 봐요!

재료 준비

소면, 두부

우유

소금, 설탕

통깨, 땅콩버터

삶은 달걀,
오이(선택)

두부 콩국수

레시피

1 소면을 적당히 삶아 찬물에 헹구어 물을 뺀 뒤 그릇에 담아 준비해둡니다.

2 믹서기에 두부(250g), 우유 2컵, 소금 ½밥숟가락, 설탕 1밥숟가락, 통깨 4밥숟가락, 땅콩버터 1밥숟가락을 넣고 갈아줍니다.

3 삶은 소면 위에 콩국물을 부어 마무리합니다.

✓tip 삶은 달걀, 오이 고명을 올리면 더욱 완성도 있는 맛을 즐길 수 있습니다.

5장 | 두부를 더 맛있게

삼겹살 두부김치

안주로도 최고! 다이어트식으로도 최고! 간단한 걸로도 최고!

재료 준비

삼겹살, 두부

김치

설탕

참기름, 통깨

고춧가루, 진간장, 다진 마늘

삼겹살 두부김치

레시피

1 달군 팬에 삼겹살을 구운 뒤 가운데 부분에 빈자리를 만들어 김치를 올려줍니다.

2 설탕 1밥숟가락, 진간장 1밥숟가락, 다진 마늘 1밥숟가락, 고춧가루 1밥숟가락을 넣고 볶아줍니다.

3 2에 종이컵 반 컵의 물을 추가해주고 국물이 20~30% 정도 남을 때까지 졸인 뒤 참기름을 둘러줍니다.

4 두부를 먹기 좋게 썰어서 볶은 김치와 함께 접시에 담고 깨를 뿌려서 내어줍니다.

5장 | 두부를 더 맛있게

삼겹 순두부 짜글이

한끼 순삭하는 밥도둑 삼겹 순두부 짜글이 레시피!

재료 준비

순두부

양파, 파

삼겹살

[양념]고추장, 진간장, 설탕, 맛술,
다진 마늘, 고춧가루, 후추

삼겹 순두부 짜글이

레시피

1 고추장 1밥숟가락, 진간장 1밥숟가락, 설탕 1밥숟가락, 맛술 1밥숟가락, 다진 마늘 1밥숟가락, 고춧가루 1밥숟가락, 후추를 조금 넣고 양념장을 만들어 둡니다.

2 팬에 삼겹살을 구워서 한입 크기로 잘라줍니다.

3 2에 손질한 양파, 파, 순두부, 물 1컵과 만들어둔 양념장을 붓고 끓이면서 국물이 자작해질 때까지 졸여줍니다.

5장 | 두부를 더 맛있게

참치 순두부찌개

순두부찌개가 너무 라이트하다고 느껴지시는 분들을 위한 참치 순두부찌개 레시피

재료 준비

순두부

고추참치

고춧가루

다진 마늘, 버섯,
양파, 애호박

멸치액젓,
국간장

참치 순두부찌개

레시피

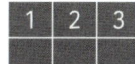

---

1 뚝배기에 고추참치(100g), 다진 마늘 ½밥숟가락, 고춧가루 ½밥숟가락을 넣고 볶아줍니다.
2 물 2컵, 순두부, 다진 버섯, 양파 반 개, 애호박을 손질하여 넣어줍니다.
3 멸치액젓 1밥숟가락, 국간장 ½밥숟가락을 넣고 간을 하여 마무리합니다.

5장 | 두부를 더 맛있게

오늘의 심플 쿡

새우 순두부 달걀탕

조금 색다른 순두부 요리, 부드럽고 순한 맛의 새우 순두부 달걀탕 레시피!

재료 준비

| 순두부 | 새우 | 멸치액젓, 국간장 | 달걀 | 파 |

새우 순두부 달걀탕

레시피

| 1 | 2 | 2 |

1 냄비에 물 3컵, 순두부, 멸치액젓 2밥숟가락, 국간장 1밥숟가락, 새우 한 줌을 넣고 끓여 줍니다.
2 풀어 놓은 달걀 2개를 1에 붓고, 다진 파를 넣어 한 번 더 끓여줍니다.

5장 | 두부를 더 맛있게

삼겹 순두부 카레

그냥 카레는 지겨워. 뭔가 씹히는 카레를 먹고 싶어! 하는 분들을 위한 레시피!

재료 준비

순두부

대패삼겹살

양파, 다진 마늘

카레가루

삼겹 순두부 카레

레시피

———

1 팬에 대패삼겹살(200g)을 넣고 구워서 잘라줍니다.
2 1에 양파 반 개, 다진 마늘 1밥숟가락을 넣고 한 번 볶아줍니다.
3 2에 물 2컵, 순두부, 카레가루 4밥숟가락을 넣고 졸여줍니다.

5장 | 두부를 더 맛있게

초당 순두부

간단하지만 든든하게 몸을 데워줄 다이어트 음식 레시피!

재료 준비

초당 순두부

새우젓

[양념] 진간장, 설탕, 참기름, 다진 마늘, 다진 대파, 통깨

레시피

1 초당 순두부 한 팩을 뚝배기에 부어서 끓여줍니다.

2 1이 끓는 동안 진간장 3밥숟가락, 설탕 1밥숟가락, 참기름 ½밥숟가락, 다진 마늘 ½밥숟가락, 다진 대파 1밥숟가락, 통깨 1밥숟가락을 넣고 양념장을 만들어 둡니다.

3 1이 끓어오르면 새우젓으로 간을 하여 감칠맛을 더해줍니다.

참치캔! 그냥 먹지 마세요!
참치캔을 더 맛있게 먹는 방법
7가지가 준비돼 있어요!

6장
참치를 더 맛있게

참치 달걀 볶음밥

달걀과 참치가 고추장을 만났다! 매콤하고 담백한 볶음밥 레시피!

재료 준비

참치	달걀	밥	대파, 양파	고추장, 참기름

참치 달걀 볶음밥

레시피

1 팬에 참치 기름과 식용유를 두르고 달걀 3개를 넣어 스크램블을 만들어줍니다.
2 밥 한 공기를 넣고 볶아줍니다.
3 다진 대파, 다진 양파, 고추장 1밥숟가락, 참기름 1밥숟가락 넣고 볶아줍니다.
4 참치 한 캔을 넣고 한 번 더 볶아줍니다.

6장 | 참치를 더 맛있게

케첩 참치 볶음밥

케첩이 들어가도 깔끔하고 개운한 볶음밥 레시피!

재료 준비

참치   밥   대파, 양파   굴소스   케첩

케첩 참치 볶음밥

레시피

1 식용유를 두른 팬에 다진 대파, 다진 양파, 참치 한 캔을 넣고 볶아줍니다.
2 굴소스 1밥숟가락, 케첩 3밥숟가락을 넣고 볶아줍니다.
3 밥 한 공기를 넣고 한 번 더 볶아줍니다.

6장 | 참치를 더 맛있게

알리오올리오 참치 볶음밥

밥순이, 밥돌이 님들~ 알리오올리오 파스타 대신 고소한 참치볶음밥은 어떠세요?

재료 준비

참치	밥	마늘	올리브유	굴소스 (or소금)

알리오올리오 참치 볶음밥

레시피

1 올리브유에 마늘을 연갈색이 되도록 볶아줍니다.
2 참치(150g)를 넣고 조금 더 볶습니다.
3 밥과 굴소스 1밥숟가락을 넣고 한 번 더 볶아줍니다.

6장 | 참치를 더 맛있게

참치마요 비빔밥

참치마요가 먹고 싶은데 건강이 걱정되시나요? 당신의 죄책감을 덜어 줄 레시피!

재료 준비

참치, 달걀   밥   양파   간장, 마요네즈   설탕, 김가루

참치마요 비빔밥

레시피

1 팬 위에 참치 기름을 붓고 채 썬 양파와 간장 2밥숟가락, 달걀 1개를 넣고 볶아줍니다.
2 그릇에 참치(150g)를 넣고 마요네즈 2밥숟가락, 설탕 1밥숟가락을 넣고 섞어줍니다.
3 2 위에 밥을 올리고 1과 김가루를 차례로 올려 마무리합니다.

6장 | 참치를 더 맛있게

촉촉한 김치 참치 볶음
만능 반찬 김치볶음에 참치를 더하면? 여기 밥도둑이요!

재료 준비

참치　　　대파　　　김치　　　설탕　　　참기름

촉촉한 김치 참치 볶음

레시피

1 팬에 참치 기름을 붓고 파를 넣어 파기름을 내줍니다.

2 1에 잘게 다진 김치, 설탕 ½밥숟가락을 넣고 볶아줍니다.

3 물 1컵을 부어주고 국물이 90% 이상 날아갈 때까지 약불에서 졸여줍니다.

4 3에 참치(150g)를 넣고 비빈 뒤 참기름을 넣어서 마무리해줍니다.

6장 | 참치를 더 맛있게

참치 채소 비빔밥

채소 비빔밥보다는 든든하고 소고기 비빔밥 보다는 라이트한 비빔밥이요? 여기요!

재료 준비

참치

마요네즈

각종 채소

초장

참치 채소 비빔밥

레시피

1 기름 뺀 참치에 마요네즈를 넣어 비벼둡니다.
2 그릇에 밥을 담고 그 위에 각종 채소와 1의 참치, 초장을 올려 마무리합니다.

> ✓tip 시판 초장이 없으면 고추장 1밥숟가락, 설탕 1밥숟가락, 식초 1밥숟가락으로 만들어서 사용할 수 있습니다.

6장 | 참치를 더 맛있게

오늘의 심플 쿡

참치 쌈장

잃어버린 입맛도 돌아오게 만드는 만능 양념장 레시피!

재료 준비

 참치

 대파, 양파, 다진 마늘

 된장, 고추장

 설탕, 고춧가루

 참기름

참치 쌈장

레시피

1 팬에 참치 기름을 붓고 다진 파, 다진 양파를 넣고 볶습니다.
2 1에 된장 큰 1밥숟가락, 고추장 큰 1밥숟가락, 다진 마늘 1밥숟가락, 설탕 ½밥숟가락, 고춧가루 ½밥숟가락을 넣고 약불에서 볶아줍니다.
3 참기름과 참치를 넣고 비벼서 마무리합니다.

✓tip 배추, 상추 등 어떤 쌈에도 잘 어울리는 쌈장이니 기호에 맞춰 맛있게 즐기세요.

냉동 만두라고 무시하지 말아요!
냉동 만두를 이용해 훌륭한 요리를
만들어 보자구요!

7장

냉동 만두를 더 맛있게

7장 | 냉동 만두를 더 맛있게

떡만둣국

설날 또는 입맛 없을 때 끓여 먹을 수 있는 간단하지만 맛있는 떡만둣국 레시피!

재료 준비

냉동 만두   떡국 떡   국간장   파   달걀

떡만둣국

레시피

---

1 냄비에 물 3컵을 붓고 냉동 만두 3개를 넣어 끓여줍니다.

2 물이 끓으면 만두를 으깨서 만두소를 빼내줍니다.(만두피가 떠 있는게 싫으시면 만두피를 건져냅니다.)

3 2에 냉동 만두, 떡국 떡을 넣고 마저 끓여줍니다.

4 국간장 1밥숟가락을 넣고 간을 한 뒤 파와 달걀 1개를 풀어 넣고 마무리합니다.

7장 | 냉동 만두를 더 맛있게

치즈 만두밥

간단하지만 특별한 만두 요리를 원한다?! 치즈 만두밥 고고싱!

재료 준비

냉동 만두

고추장, 참기름

모차렐라 치즈

밥

파슬리

치즈 만두밥

레시피

1 그릇에 밥을 담고 그 위에 냉동 만두 4개를 올린 후 랩을 씌워 전자레인지에 3분 돌려줍니다.

2 1에 고추장 ½밥숟가락, 참기름 ½밥숟가락을 넣고 만두를 으깨면서 비벼줍니다.

3 2 위에 모차렐라 치즈, 파슬리를 올리고 전자레인지에 2분 더 돌려줍니다.

7장 | 냉동 만두를 더 맛있게

오늘의 심플 쿡

달걀 만두 볶음밥

달걀 볶음밥은 너무 가볍다 생각되는 분들을 위한 레시피!

재료 준비

냉동 만두

달걀

밥

굴소스

달걀 만두 볶음밥

레시피

1 냉동 만두를 전자레인지 용기에 담고 물을 살짝 부어 랩을 씌운 다음 전자레인지에 3분간 돌립니다.

2 데운 냉동 만두를 꺼내 만두소가 잘 나올 수 있도록 만두피를 갈라 놓습니다.

3 기름을 두른 팬에 달걀 두 개를 넣어 노른자를 깬 다음 2의 만두, 밥 한 공기, 굴소스 ½ 밥숟가락을 넣고 골고루 잘 볶아서 마무리합니다.

7장 | 냉동 만두를 더 맛있게

만두덮밥

덮밥을 해먹고 싶은데 재료가 냉동 만두밖에 없다고? 걱정하지 마세요!

재료 준비

냉동 만두   달걀   밥   양파   (양념)진간장, 설탕, 맛술

만두덮밥

레시피

---

1 기름을 두른 팬에 채 썬 양파, 진간장 1밥숟가락, 설탕 1밥숟가락, 맛술 1밥숟가락을 넣고 볶아줍니다.

2 1에 물 1밥숟가락, 전자레인지에 데운 만두와 달걀 1개를 넣고 저으며 볶아줍니다.

3 2를 밥 위에 얹어 마무리합니다.

만두전

막걸리 한 잔에 전이 먹고 싶은데, 전 굽기가 귀찮다면?

재료 준비

냉동 만두   달걀

만두전

레시피

———

1 냉동 만두 5개를 용기에 담아 랩을 씌우고 전자레인지에 돌려줍니다.
2 다 데워진 만두를 가위로 잘라 다진 후 달걀 2개를 넣고 같이 섞어줍니다.
3 팬에 기름을 두르고 2의 반죽을 다 부어 전을 구워냅니다.

7장 | 냉동 만두를 더 맛있게

크림만두

가끔 느끼한 거 당기잖아요? 그럴 땐 크림만두~!

재료 준비

냉동 만두   베이컨(or 햄)   양파, 마늘   우유, 생크림, 체다치즈   소금, 후추

크림만두

레시피

| 1 | 1 | 2 |
| 3 | 3 | 3 |

---

1 팬에 기름을 두르고 채 썬 양파, 편마늘과 다진 마늘 1밥숟가락, 베이컨이나 햄을 넣고 볶아줍니다.

2 1에 우유 1컵, 생크림 1컵, 냉동 만두를 넣고 끓여줍니다.

3 소금과 후추로 간을 한 후 체다치즈를 올려 끓여서 마무리합니다.

닭고기를 더 맛있게 해먹기
위한 간단 레시피!
좀 특별한 다이어트 레시피가
필요한 자취생들도
이 장을 참고하시라!

8장

닭고기를 더 맛있게

8장 | 닭고기를 더 맛있게

삼계탕

복날, 아주 간단하게 만드는 삼계탕

재료 준비

사골곰탕 육수   삼계탕용 닭   다진 마늘

레시피

1 깨끗하게 손질된 닭을 큰 냄비에 넣습니다.
2 사골곰탕 육수 3팩과 닭이 ⅔까지 잠길 만큼의 물을 부은 후, 다진 마늘을 크게 1밥숟가락 넣고 끓여줍니다.
3 국물이 끓으면 뚜껑을 덮고 중불로 20분간 끓여줍니다.
4 닭을 뒤집고 중불로 20분 더 끓여서 완성합니다.

닭죽

이전 페이지 삼계탕 다 먹었지요? 닭죽으로 2차전 갑니드아!

재료 준비

삼계탕 국물

밥

대파

레시피

1 삼계탕으로 먹고 남은 국물을 냄비에 부어 놓습니다.

2 남은 닭을 살코기만 분리해 1에 넣고 밥 두 공기와 파를 함께 넣어 국물이 졸아들 때까지 끓여줍니다.

8장 | 닭고기를 더 맛있게

닭볶음탕

식당에서 먹는 것만큼 맛있는 닭볶음탕 레시피!

재료 준비

닭볶음탕용 닭   고추장, 진간장   설탕, 고춧가루   다진 마늘, 파, 양파

레시피

---

1 깨끗이 손질된 닭을 팬에 올리고 물 2컵 반(500ml), 고추장 1밥숟가락, 진간장 3밥숟가락, 설탕 3밥숟가락, 고춧가루 2밥숟가락, 다진 마늘 2밥숟가락을 넣어줍니다.

2 국물이 끓기 시작하면 중불로 줄이고 10분 더 끓여줍니다.

3 닭을 다 뒤집어주고 10분 더 익힌 뒤 파와 양파를 넣고 2~3분만 더 끓여 완성합니다.

8장 | 닭고기를 더 맛있게

마라 찜닭

마라탕, 마라샹궈가 질렸다면 마라 찜닭 가즈아!

재료 준비

닭볶음탕용 닭

고구마, 버섯, 청경채,
파, 청양고추

[양념]마라라면 액상스프,
액젓, 통후추, 다진 마늘

마라 찜닭

레시피

---

1 깨끗이 손질된 닭을 한 번 데쳐서 씻어둡니다.

2 팬에 파와 매운 고추 기름을 낸 후 마라라면의 액상스프를 넣고 살짝 볶아줍니다.

3 2에 1의 닭을 넣고 한 번 더 볶은 뒤 물 3컵을 부어 끓입니다.

4 3에 다진 마늘 1밥숟가락, 액젓 1밥숟가락, 통후추 1밥숟가락, 손질해 놓은 고구마, 버섯, 청경채, 파를 넣어줍니다.

5 양념이 잘 배도록 끓이면서 국물의 양을 기호에 맞춰 조려줍니다.

닭가슴살 두부 유부초밥

초 고단백이지만 맛있는 다이어트식이 필요하신 분들을 위한 레시피!

재료 준비

닭가슴살   시판 유부초밥   두부

레시피

1 끓는 물에 두부(250g)와 닭가슴살을 넣고 데친 후 건져냅니다.

2 볼에 1의 두부와 닭가슴살을 담고 두부는 으깨고, 닭가슴살은 찢어줍니다.

3 2에 시판 유부초밥 안에 들어있는 소스와 건더기를 다 넣고 섞어줍니다.

4 유부 안에 3의 속을 채워 완성합니다.

8장 | 닭고기를 더 맛있게

닭가슴살 미역국

칼슘과 단백질을 채우는 건강한 국물 레시피!

재료 준비

닭가슴살　　미역　　액젓, 국간장　　들깨가루

닭가슴살 미역국

레시피

1 냄비에 기름을 약간 두르고 물에 불린 미역 한 줌, 액젓 1밥숟가락을 넣고 볶아줍니다.
2 물 3컵, 닭가슴살, 들깨가루 2밥숟가락, 국간장 1밥숟가락을 넣고 푹 끓여 완성합니다.

닭가슴살 겨자 냉채

다이어트 중이라서 족발 냉채를 먹고 싶은데 좀 그래? 그렇다면 이건 어때?

재료 준비

닭가슴살

각종 채소

[양념장] 연겨자, 설탕,
진간장, 맛술, 식초, 다진 마늘

검은깨

닭가슴살 겨자 냉채

레시피

1 연겨자 1밥숟가락, 설탕 1밥숟가락, 진간장 1밥숟가락, 맛술 1밥숟가락, 식초 2밥숟가락, 다진 마늘 1밥숟가락을 넣고 섞어 양념장을 준비해 놓습니다.

2 먹기 좋게 채 썬 각종 채소와 찢어 놓은 닭가슴살을 접시 위에 올립니다.

3 1의 양념장을 부어주고 검은깨를 뿌려 마무리합니다.

8장 | 닭고기를 더 맛있게

오늘의 심플 쿡

갈비양념 닭가슴살 구이

뻔한 닭가슴살은 질려버렸다면 갈비양념 구이는 어떠신가요?

재료 준비

닭가슴살　　[양념]진간장, 올리고당,
　　　　　　맛술, 후추, 다진 마늘

갈비양념 닭가슴살 구이

레시피

1	2	2
3		

———

1 진간장 2밥숟가락, 올리고당 1밥숟가락, 맛술 1밥숟가락, 다진 마늘 1밥숟가락, 후추 조금, 물 2밥숟가락을 넣고 양념장을 만들어 둡니다.

2 칼집 낸 닭가슴살을 양념장에 넣고 30분간 재워둡니다.

3 재워 둔 닭가슴살을 기름을 두른 팬에 구워줍니다.

8장 | 닭고기를 더 맛있게

닭가슴살 토마토 스튜

다이어트 중이라 파스타는 좀 투머치라면 닭가슴살 토마토 스튜 어떠세요?

재료 준비

닭가슴살

토마토
스파게티 소스

각종 채소

파슬리

닭가슴살 토마토 스튜

레시피

1 기름을 두른 냄비에 각종 채소를 넣고 볶아 주다가 닭가슴살을 넣고 물 1컵, 토마토 스파게티 소스 1컵을 부어서 재료들이 다 익을 때까지 중불에서 끓여줍니다.
2 뭉근하게 익은 스튜를 그릇에 담고 파슬리를 뿌려서 마무리합니다.

  ✓tip 면사리를 추가하면 깊은 맛이 나는 파스타를 즐길 수 있습니다.

치킨카레

프라이드 치킨이 지겨우신 분들을 위한 치킨카레

재료 준비

닭 정육

버터

양파, 다진 마늘

우유

카레가루,
고춧가루

치킨카레

레시피

---

1 닭고기에 칼집을 내줍니다.

2 기름 두른 팬에 채 썬 양파를 넣고 거뭇해질 때까지 볶아준 뒤 잠시 빼둡니다.

3 팬에 버터(약 10g)를 넣고 1의 닭고기를 구워줍니다.

4 2의 양파, 다진 마늘 ½밥숟가락, 우유 2컵, 카레가루 4밥숟가락, 고춧가루 1밥숟가락을 넣고 약불에서 은근하게 끓여줍니다.

어떻게 해먹어도 맛있는
돼지고기를 더 맛있게 해먹기
위한 간단 레시피!
정신없이 바쁜 현대사회를
버텨내는 자취생들에게
든든한 한끼로 추천한다.

9장

돼지고기를 더 맛있게

9장 | 돼지고기를 더 맛있게

삼겹살 스테이크

겉바속촉! 겉은 바삭하고, 속은 촉촉한 삼겹살 스테이크 레시피

재료 준비

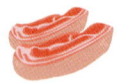   

수육용 삼겹살   소금

레시피

1	2	3
4	5	5

1 삼겹살(500g) 위에 소금이 뭉치지 않게 골고루 뿌려 20~40분 둡니다.
2 키친타월을 이용하여 겉면에 나온 수분을 눌러 닦아줍니다.
3 냄비 바닥면만 가릴 정도로 기름을 부어 센 불에서 1분 끓여줍니다.
4 먼저 비계 부분이 바닥으로 가도록 넣고 익힌 다음 모든 면을 센불에 1분씩 튀겨줍니다.
5 뚜껑을 덮고 가장 약한 불에서 20분간 익혀 마무리합니다.

9장 | 돼지고기를 더 맛있게

돼지고기 덮밥

돼지고기를 두툼하게 얹어서 한 숟갈 먹어보자

재료 준비

돼지고기	달걀	양파, 깨	(양념)진간장, 맛술, 설탕, 다진 마늘	밥

돼지고기 덮밥

레시피

1 진간장 1밥숟가락, 맛술 1밥숟가락, 설탕 1밥숟가락, 다진 마늘 1밥숟가락을 넣어 양념장을 만들어 둡니다.

2 기름을 두른 팬에 돼지고기(200g)를 익혀주고, 저민 양파와 1의 양념장을 넣고 볶아줍니다.

3 2를 밥 위에 얹고 달걀 노른자를 올리고 깨를 뿌려 마무리합니다.

9장 | 돼지고기를 더 맛있게

김치 제육볶음

절대 실패할 수 없는 김치 제육을 더 맛있게 먹는 레시피!

재료 준비

돼지고기

김치

양파, 깨

대파

[양념] 고추장, 맛술,
고춧가루, 설탕

레시피

1 기름을 두른 팬에 돼지고기(200g)를 익혀주고, 양파 반 개, 파, 김치, 설탕 2밥숟가락을 넣고 볶아줍니다.

2 1에 고추장 1밥숟가락, 맛술 1밥숟가락, 고춧가루 1밥숟가락, 물 1~2밥숟가락을 넣고 조금 더 볶아줍니다.

3 그릇에 담고 깨를 뿌려서 마무리합니다.

간짜장 덮밥

그냥 짜장은 질렸어! 짜장면도 질렸어! 할 때 참고하면 좋은 레시피!

재료 준비

돼지고기 　 춘장 　 양파, 파 　 양배추 　 설탕, 진간장 　 밥

간짜장 덮밥

레시피

1 팬에 기름을 넉넉히 붓고 춘장 1밥숟가락을 튀기듯이 볶습니다.

2 1에 돼지고기(200g), 양배추, 양파, 파를 넣고 볶아줍니다.

3 설탕 1밥숟가락, 진간장 1밥숟가락을 넣고 마저 볶아줍니다.

4 3을 밥 위에 올려 마무리합니다.

9장 | 돼지고기를 더 맛있게

오늘의
심플 쿡

돼지고기 묵은지찜

오늘은 왠지 진~한 한국 정통의 맛을 느끼고 싶어! 할 때 참고할 초간단 레시피!

재료 준비

돼지고기

묵은지

대파

[양념] 설탕, 새우젓(or 액젓),
국간장, 다진 마늘, 된장, 고춧가루

레시피

1 냄비에 돼지고기(200g), 묵은지를 넣고 준비합니다.

2 1에 물 2~3컵을 붓고 설탕 1밥숟가락, 새우젓 또는 액젓 1밥숟가락, 국간장 1밥숟가락, 다진 마늘 1밥숟가락, 된장 ½밥숟가락, 고춧가루 1밥숟가락을 넣고 푹 끓여줍니다.

3 푹 끓인 묵은지찜에 파를 넣고 한소끔 더 끓여서 마무리합니다.

9장 | 돼지고기를 더 맛있게

돼지고기 육개장

묵직한 해장이 필요할 때! 이 레시피면 끝!

재료 준비

| 돼지고기 | 시판 육개장 | 콩나물 | 파, 양파, 다진 마늘 | 액젓 (or 국간장) |

돼지고기 육개장

레시피

1 냄비에 기름을 두르고 돼지고기(200g), 다진 마늘 1밥숟가락을 넣고 볶아줍니다.
2 1에 시판 육개장 국물 1팩을 부어줍니다.
3 파, 양파, 콩나물을 넣고 콩나물 숨이 죽을 때까지 끓여줍니다.
4 액젓이나 국간장 1밥숟가락을 넣어 간을 맞춰 마무리합니다.

9장 | 돼지고기를 더 맛있게

돼지고기찜 (미니족발찜)
집에서 해먹는 간단하고 맛있는 족발 레시피

재료 준비

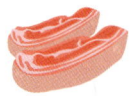

통삼겹
(or 미니 족발)

(양념) 콜라, 배 음료, 쌍화차, 간장,
멸치액젓, 굴소스, 다진 마늘

돼지고기찜(미니족발찜)

레시피

1 통삼겹(약 500g) 혹은 미니 족발을 냄비에 넣고 콜라 1캔(250ml), 배 음료 반 캔(약 150ml), 쌍화차 1병(100ml), 간장 1밥숟가락, 멸치액젓 1밥숟가락, 굴소스 1밥숟가락, 다진 마늘 1밥숟가락을 넣고 30분간 끓여줍니다.

2 푹 익힌 고기를 꺼내 먹기 좋게 썬 다음 다시 냄비에 넣고 졸여줍니다.

9장 | 돼지고기를 더 맛있게

묵은지 등갈비찜

맛집에서나 먹던 묵은지 등갈비찜을 집에서도 만들 수 있다!

재료 준비

등갈비   묵은지   (양념)된장, 멸치액젓, 설탕,
                    다진 마늘, 고춧가루

레시피

1	2	2
2		

---

1 된장 1밥숟가락, 멸치액젓 1밥숟가락, 설탕 1밥숟가락, 다진 마늘 1밥숟가락, 고춧가루 1밥숟가락을 넣고 양념장을 만들어 둡니다.

2 냄비에 등갈비(500g)와 물 4컵, 양념장, 묵은지를 넣고 중약불로 40분 이상 푹 끓여줍니다.

9장 | 돼지고기를 더 맛있게

오늘의
심플 쿡

간장 양념 등갈비

매운 양념이 싫어? 그럼 이건 어때? 간장 양념 등갈비 레시피!

재료 준비

등갈비   (양념)된장, 진간장, 설탕, 맛술, 다진 마늘

간장 양념 등갈비

레시피

1 등갈비(500g)를 겉면이 노릇해질 때까지 뒤집어 가며 구워줍니다.

2 등갈비가 잠길만큼 물을 붓고 된장 1밥숟가락, 진간장 3밥숟가락, 설탕 2밥숟가락, 맛술 3밥숟가락, 다진 마늘 1밥숟가락을 넣은 후 국물이 졸아들 때까지 중약불로 40분 이상 푹 끓여줍니다.

✓tip 맛술이 없으면 소주로 대체 가능합니다.

9장 | 돼지고기를 더 맛있게

오늘의 심플 쿡

고추장 등갈비찜

칼칼한 등갈비찜을 좋아하는 어른들을 위한 맞춤 레시피

재료 준비

등갈비   [양념] 고추장, 진간장, 설탕, 고춧가루, 다진 마늘, 굴소스

고추장 등갈비찜

레시피

| 1 | 2 | 3 |
| 3 | 3 | |

---

1 고추장 1밥숟가락, 진간장 1밥숟가락, 설탕 1밥숟가락, 고춧가루 1밥숟가락, 다진 마늘 1밥숟가락, 굴소스 1밥숟가락을 넣고 양념장을 만들어 둡니다.

2 등갈비(500g)가 잠길 만큼 물을 붓고 센 불에서 한 번 삶아줍니다.

3 삶은 등갈비를 체에 밭쳐 흐르는 물에 씻은 후 깨끗한 물을 받은 냄비에 넣고 1의 양념장을 다 넣어 푹 끓여줍니다.

9장 | 돼지고기를 더 맛있게

등갈비탕

요즘 약간 몸이 허하고 기력이 달려? 그럴 때 필요한 간단 등갈비탕 레시피!

재료 준비

등갈비

사골곰탕 육수

당면

굴소스

다진 마늘, 대파

레시피

1 등갈비(500g)를 센 불에서 한 번 삶아 흐르는 물에 씻어 둡니다.
2 1의 등갈비를 냄비에 넣고 사골곰탕 육수 2팩, 물 1컵을 부어줍니다.
3 다진 마늘 1밥숟가락, 굴소스 1밥숟가락을 넣고 중약불로 30분 이상 푹 끓여줍니다.
4 파, 불려놓은 당면을 넣어 한소끔 더 끓여 마무리합니다.

전자레인지 수육

전자레인지만 있어도 수육을 만들 수 있다는 사실! 너무너무 간단한 전자레인지 수육!

재료 준비

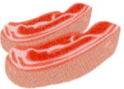   

통삼겹살   양파   라면 스프   다진 마늘

전자레인지 수육

레시피

1 전자레인지용 찜기에 양파 1개를 채 썰어서 깔아줍니다.

2 1의 양파 위에 통삼겹살(500g)을 올리고 라면 스프, 다진 마늘을 골고루 발라줍니다.

3 뚜껑을 덮고 전자레인지에 15분 돌려줍니다.

9장 | 돼지고기를 더 맛있게

오늘의 심플 쿡

콜라 수육

수육 비린내 잡기 힘들다고? 콜라와 마늘만 가져와!

재료 준비

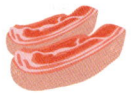
통삼겹살

콜라

진간장

다진 마늘

콜라 수육

레시피

1 냄비에 통삼겹살(500g)을 넣고 고기가 다 잠길 때까지 콜라를 부어줍니다.
2 간장을 콜라의 ⅓ 비율만큼 붓고, 다진 마늘을 넣어 30분간 졸여줍니다.

  ✓tip 콜라 : 간장 = 3 : 1. 콜라가 3컵일 때, 간장은 1컵을 넣으면 됩니다.

9장 | 돼지고기를 더 맛있게

오늘의 심플 쿡

콩나물 삼겹살

간단하지만 있어 보이는 산더미 불고기 레시피!

재료 준비

대패삼겹살

콩나물,
각종 채소

깻잎

[양념]고추장, 진간장, 설탕, 고춧가루,
다진 마늘, 굴소스(or 소고기 다시다)

콩나물 삼겹살

레시피

---

1 고추장 2밥숟가락, 진간장 2밥숟가락, 설탕 2밥숟가락, 고춧가루 2밥숟가락, 다진 마늘 1밥숟가락(선택 추가), 굴소스 ½밥숟가락 또는 소고기 다시다 ½밥숟가락을 넣고 양념장을 준비해 둡니다.

2 콩나물과 준비된 채소를 산더미로 쌓아 올려줍니다.

3 2에 1의 양념장을 붓고 그 위에 대패삼겹살을 겹겹이 올려줍니다.

4 고기가 익으면 깻잎을 잘라 넣고 한 번 더 볶아줍니다.

9장 | 돼지고기를 더 맛있게

된장 삼겹살구이

된장과 삼겹살이 만난 환상적인 레시피!

재료 준비

삼겹살　　　(양념)된장, 진간장(or 굴소스),　　　부추(선택)
(or목살)　　　설탕, 맛술, 다진 마늘, 참기름, 후추

레시피

1 고기를 담은 볼에 된장 1밥숟가락(약 40g), 진간장(혹은 굴소스) 2밥숟가락, 맛술 2밥숟가락, 설탕 2밥숟가락, 다진 마늘 1밥숟가락, 참기름 1밥숟가락, 후추 약간을 넣고 조물조물하여 랩을 씌우고 냉장고에서 30분간 숙성시켜줍니다.

2 팬에 기름을 약간 두르고 숙성된 고기를 올려 잘 구워줍니다.

✓tip 그릇에 부추를 깔고 고기를 올리면 보기에도 먹음직스럽고 건강한 맛을 즐길 수 있어 좋습니다.

9장 | 돼지고기를 더 맛있게

돼지고기 강정

구워 먹는 돼지고기가 지겨우신 분들을 위한 레시피!

재료 준비

돼지고기   감자 전분   [강정소스]케첩, 진간장,
                         굴소스, 설탕, 고춧가루, 식초

돼지고기 강정

레시피

1 케첩 2밥숟가락, 진간장 1밥숟가락, 고춧가루 1밥숟가락, 설탕 1밥숟가락, 식초 1밥숟가락, 굴소스 1/2밥숟가락을 넣고 소스를 만들어 둡니다.

2 봉지에 돼지고기(300g), 감자 전분 2밥숟가락을 넣고 잘 흔들어서 돼지고기 겉면에 전분가루를 골고루 묻혀줍니다.

3 식용유를 넉넉히 두른 팬에 2를 넣고 바삭하게 튀겨줍니다.

4 1의 소스를 붓고 볶으면서 섞어줍니다.

9장 | 돼지고기를 더 맛있게

간장 양념 삼겹살구이

연매출 100억 대박집의 간장 양념 삼겹살구이 레시피!

재료 준비

삼겹살

대파, 양파

[양념]진간장, 굴소스, 설탕, 다진 마늘, 소고기 스프 가루

레시피

---

1 볼에 칼집 낸 삼겹살을 담고 진간장 1밥숟가락, 굴소스 1밥숟가락, 설탕 2밥숟가락, 다진 마늘 1밥숟가락, 물 3밥숟가락, 소고기 스프 가루 1밥숟가락을 넣고 조물조물 버무려줍니다.

2 기름 두른 팬에 파와 양파를 볶다가 1의 양념에 버무려 둔 삼겹살을 올려 볶아줍니다.

나가기 귀찮은데 밖에서 파는
간식들이 먹고 싶을 때 참고
하면 좋은 레시피들!
간단하고 빠르게 집에서
만들어 보자!

10장
여러 가지 간식

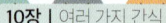

10장 | 여러 가지 간식

파베 초콜릿

간단하지만 맛있어 보이는 파베 초콜릿 만들기

재료 준비

시판 초콜릿,　　　생크림
코코아 파우더

파베 초콜릿

레시피

1 반찬통에 랩을 씌워 준비해 둡니다.

2 냄비에 생크림 1컵(약 180ml)을 넣고 끓이다가 살짝 보글거리면 초콜릿(300g)을 넣고 녹을 때까지 잘 저어줍니다.

3 녹은 초콜릿을 반찬통에 붓고 냉장고에서 10분간 식혀줍니다.

4 식힌 초콜릿을 꺼내어 코코아 파우더를 뿌리고 먹기 좋게 잘라줍니다.

5 봉지에 코코아 파우더, 초콜릿을 넣고 흔들어줍니다.

✓tip 생크림이 없으면 우유(½컵)로 대체 가능합니다.
종이컵 기준으로 계량했습니다.

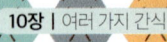 10장 | 여러 가지 간식

허니버터 군고구마

꿀과 버터만 있다면 올 겨울이 달콤해지는 군고구마 레시피

재료 준비

고구마

버터

꿀

치즈

레시피

1 팬에 종이 포일을 깔고 물을 부은 뒤 고구마를 올려 뚜껑을 덮고 익혀줍니다.

2 중간에 물을 약간 추가하여 완전히 익혀줍니다.

3 다 익은 고구마 가운데에 칼집을 살짝 내고 버터, 꿀, 치즈를 올려 뚜껑을 덮고 데워줍니다.

10장 | 여러 가지 간식

고구마 식빵피자

입은 심심한데 피자 한 판은 양이 많다고? 그럼 이거지!

재료 준비

식빵   고구마, 치즈   토마토 스파게티 소스   마요네즈   양파, 파프리카, 소시지, 파슬리

레시피

| 1 | 1 | 2 |
| 3 | 3 | 4 |

---

1 삶은 고구마를 으깬 후 마요네즈와 섞어 고구마 무스를 만들고 비닐백에 넣습니다.

2 식빵에 토마토 스파게티 소스를 얇게 바르고 비닐백에 넣은 고구마 무스를 가장자리에 둘러줍니다.

3 작게 손질한 양파, 파프리카, 소시지, 치즈 등의 토핑을 올려 전자레인지에 2분간 돌려줍니다.

4 기름을 두르지 않은 팬에 3을 한 번 더 구워주고 파슬리를 뿌려 마무리합니다.

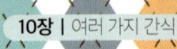 10장 | 여러 가지 간식

오늘의
심플 쿡

고구마 버터구이

고구마만 먹기 지겨워졌다고? 그럼 이건 어때? 초간단 고구마 버터구이!

재료 준비

고구마　　　설탕　　　버터　　　소금, 후추　　　파슬리

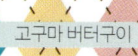

레시피

1 고구마를 한입 크기로 잘라줍니다.
2 팬에 기름을 두르고 고구마를 구워줍니다.
3 설탕 1밥숟가락과 버터, 소금, 후추, 파슬리를 뿌려 마무리합니다.

고구마 스프

고구마 1kg 사놓고 더이상 해 먹을 레시피가 없는 분들을 위한 특별한 스프 레시피!

재료 준비

고구마

양파, 파슬리

버터, 후추

우유

식빵

고구마 스프

레시피

1	2	3
4	5	

---

1 팬에 버터를 넣고 채 썰어 놓은 양파 반 개를 볶아줍니다.

2 믹서기에 삶은 고구마 2개와 1의 볶은 양파, 우유 2컵을 넣고 갈아줍니다.

3 2를 냄비에 넣고 잘 저어 데워줍니다.

4 식빵을 작게 잘라서 노릇하게 구워냅니다.

5 데운 스프를 그릇에 덜어 그 위에 식빵, 후추, 파슬리를 뿌려서 마무리합니다.

10장 | 여러 가지 간식

고구마 달걀 샌드위치

평범한 달걀 샌드위치가 질린 분들을 위한 레시피

재료 준비

식빵

삶은 달걀

고구마

마요네즈

소금, 후추

고구마 달걀 샌드위치

레시피

1 달걀 4개, 고구마 1개를 삶아 으깨줍니다.

2 마요네즈 2밥숟가락, 소금, 후추를 넣고 섞어줍니다.

3 식빵을 구워서 알맞은 크기로 자른 뒤 식빵 사이에 속 재료를 넣어줍니다.

10장 | 여러 가지 간식

오늘의 심플 쿡

원 팬 토스트

5분 만에 만드는 간단하지만 든든한 토스트!

재료 준비

식빵　　　　달걀　　　　설탕, 소금　　　　버터　　　슬라이스 치즈, 햄

레시피

---

1 달걀 2개에 소금 한꼬집, 설탕 ⅓밥숟가락을 넣고 풀어줍니다.

2 팬에 버터(약 10g)를 넣고 달걀물을 부어준 뒤 식빵 하나를 반으로 잘라서 달걀이 익기 전에 올려줍니다.

3 달걀물이 빵에 살짝 스며들면 뒤집어 바닥면을 익혀줍니다.

4 식빵 겉으로 튀어나온 달걀은 안쪽으로 집어넣어 줍니다. 그 위에 슬라이스 치즈, 햄을 올려주고 식빵을 반으로 접어 완성합니다.

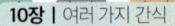

10장 | 여러 가지 간식

오늘의 심플 쿡

두 겹 프렌치토스트

엄마가 간식으로 해 주던 추억의 달걀물 담근 빵 레시피!

재료 준비

식빵   달걀   소금   우유

레시피

1 달걀 2개에 우유 1/3컵(약 50ml), 소금 한꼬집을 넣고 풀어줍니다.

2 달걀물에 빵을 넣고 그대로 빵에 흡수시켜줍니다.

3 식용유를 두른 팬에 2의 빵을 넣고 두 개로 겹쳐서 익혀줍니다.

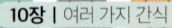

10장 | 여러 가지 간식

오늘의 심플 쿡

몬테크리스토

간단하지만 맛있는 간식을 원한다면!

재료 준비

식빵   달걀   잼   슬라이스 치즈, 햄   소금, 버터

레시피

1 식빵 3장의 모서리를 다 잘라줍니다.

2 빵 한쪽 면에 딸기잼-슬라이스 치즈-햄을 순서대로 올려주고 나머지 빵에도 똑같은 순서로 올려 겹친 뒤 소금 간을 한 달걀물을 붓습니다.

3 1의 잘라놓은 식빵 모서리를 잘게 다져 빵가루로 만들어 2의 빵에 묻혀줍니다.

4 팬에 버터를 녹이고 3의 빵을 올려 앞뒤로 바삭하게 구워줍니다.

오늘의 심플 쿡

마늘 토스트
한국인의 마늘을 서양 레시피에 적용해 보자!

재료 준비

식빵

버터

설탕

다진 마늘

파슬리

레시피

---

1 버터 한 덩어리(30g)를 전자레인지에 1분 돌려 녹인 후 설탕 1밥숟가락, 다진 마늘 1밥숟가락, 파슬리를 조금 넣고 섞어줍니다.

2 반으로 자른 식빵에 1을 펴 바른 뒤 중약불에 구워줍니다.

10장 | 여러 가지 간식

모차렐라 토스트

간단하지만 눈도 즐겁고 입도 즐거운 모차렐라 토스트 레시피!

재료 준비

식빵   버터   설탕   모차렐라 치즈

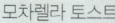

레시피

1 팬에 버터를 녹이고 식빵을 구워줍니다.
2 구운 식빵 위에 모차렐라 치즈, 설탕을 뿌리고 다른 빵으로 덮어줍니다.
3 뚜껑을 덮고 치즈가 녹을 정도로 구워주면 됩니다.

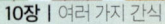

10장 | 여러 가지 간식

오늘의
심플 쿡

치즈 감자 튀김

맥주를 부르는 겉바속촉 완벽한 치즈 감자 스틱 만들기

재료 준비

감자   슬라이스 치즈   소금, 후추   감자 전분

치즈 감자 튀김

레시피

1 감자를 삶아서 으깬 후 소금, 후추를 한꼬집 넣어줍니다.

2 1에 감자 1알당 슬라이스 치즈 1장, 감자 전분 1밥숟가락을 넣고 잘 섞어서 반죽을 만들어줍니다.

3 모양을 잡고 달군 팬에 기름을 두르고 노릇하게 튀겨줍니다.

10장 | 여러 가지 간식

찹쌀 핫도그

집에서 간단하게 찹쌀 핫도그를 만들어 보자

재료 준비

소시지

찹쌀가루

소금, 설탕

식용유

레시피

1 소시지에 뜨거운 물을 부어 살짝 데쳐줍니다.

2 3분 뒤 물을 버리고, 소시지에 꼬챙이를 꽂아줍니다.

3 전자레인지에 사용 가능한 그릇에 찹쌀가루 약 ½컵(약 100g), 소금 한 꼬집, 설탕 2밥숟가락, 식용유 2밥숟가락, 뜨거운 물 ¼컵을 넣고 섞어줍니다.

4 3에 랩을 씌우고 전자레인지에 1분 30초 돌린 다음 찹쌀 반죽을 한 번 치댄 뒤 전자레인지에 30초 더 돌려줍니다.

5 완성된 찹쌀 반죽을 소시지에 감싸 튀김옷을 입힌 후 기름에 튀겨줍니다.

10장 | 여러 가지 간식

빨간 어묵

시장에서 먹는 듯한 매운 빨간 어묵을 먹고 싶은 분들을 위한 레시피

재료 준비

어묵

청양고추

[양념] 고추장, 진간장, 설탕,
고춧가루, 다진 마늘, 후추

빨간 어묵

레시피

1 고추장 1밥숟가락, 진간장 1밥숟가락, 설탕 2밥숟가락, 고춧가루 1밥숟가락, 다진 마늘 1밥숟가락, 후추 조금, 물 1컵을 넣고 양념장을 만들어 둡니다.
2 어묵을 꼬치에 끼우고, 기름을 두른 팬에 겉면만 살짝 구워줍니다.
3 2에 양념장을 붓고 졸여줍니다.
4 매운맛을 위해 청양고추를 올려 완성합니다.

10장 | 여러 가지 간식

떡꼬치

학교 앞 떡꼬치가 생각날 때 해 먹는 레시피!

재료 준비

떡

[고추장 소스]고추장, 설탕, 케첩, 올리고당, 다진 마늘

[간장 소스]진간장, 설탕, 굴소스, 올리고당, 다진 마늘

레시피

1	2	3
4	4	4

1 고추장 1밥숟가락, 설탕 2밥숟가락, 케첩 2밥숟가락, 올리고당 1밥숟가락, 다진 마늘 ½밥숟가락을 넣고 고추장 소스를 만들어 둡니다.

2 진간장 1밥숟가락, 설탕 2밥숟가락, 굴소스 1밥숟가락, 올리고당 1밥숟가락, 다진 마늘 ½밥숟가락을 넣고 간장 소스를 만들어 둡니다.

3 기름을 두른 팬에 꼬치에 꽂은 떡을 앞뒤로 노릇하게 구워줍니다.

4 입맛에 맞는 소스를 펴발라 한 번 더 살짝 구워 마무리합니다.

유튜버 자취요리신의 이거 정말 맛있습니다.

발행일	2022년 4월 30일	발행인	조순자
편저자	유튜버 자취요리신	편집·표지디자인	김현수
발행처	종이향기	주 소	경기도 파주시 산남로 11-11, 가동(산남동)
정 가	22,000원	ISBN	979-11-91292-52-7

※ 본 상품은 (주)샌드박스네트워크와의 정식 라이선스 계약에 의해 종이향기에서 제작, 판매하므로 무단 복제 및 전재를 금합니다.
※ 낙장이나 파본은 교환해 드립니다.